글·그림 윤문영

홍익대학교 서양화과 출신으로 재학 시절 〈제5회 홍익대학 미술대전〉에서 최우수상을 수상했으며 제일기획 제작국장을 비롯 독립 프로덕션을 운영하며 〈오란-C〉〈맥스웰커피〉〈고래밥〉 등 300여 편의 CF를 연출했습니다. CF 감독만으로는 성에 차지 않아 독립영화 〈산이 높아 못 떠나요〉로 제1회 MBC 영상문화제 대상을 수상하였으며 지금은 그림책에 매력을 느껴 그림책 작가로 활동하고 있습니다. 독도 관련 책으로는 《우리 독도에서 온 편지》《독도 수비대》《미안해 독도 강치야》《독도랑 지킴이랑》《내 친구 야옹이는 독도 괭이갈매기》 등을 쓰고 그렸습니다.

독도가 우리 땅일 수밖에 없는 12가지 이유

윤문영 글·그림

1판 1쇄 2018년 4월 10일
1판 5쇄 2024년 11월 1일

펴낸이 모계영　**펴낸곳** 가치창조

출판등록 제406-2012-000041호
주소 경기도 고양시 일산동구 중앙로 1347 쌍용플래티넘 228호
전화 070-7733-3227　팩스 031-916-2375　이메일 shwimbook@hanmail.net
ISBN 978-89-6301-160-8 (77910)

ⓒ 윤문영 2018

- 이 책의 저작권은 저자와 가치창조 출판그룹에 있습니다.
- 저작권법에 따라 무단전재 및 복제를 금합니다.
- 이 책에 수록된 도판 및 사진은 독도박물관, 동북아역사재단, 국립중앙도서관의 도움과 사용 허가를 받아 게재하였습니다.
- 사진자료에 도움 주신 독도박물관, 동북아역사재단, 국립중앙도서관에 감사드리며 출판 당시 저작권자를 찾지 못한 자료에 대해서는 확인되는 대로 허락받도록 하겠습니다.

단비어린이는 우리 어린이가 우리 역사에 대해 올바른 시각과 자부심을 가질 수 있도록 더욱 노력하겠습니다.

가치창조 공식 블로그 http://blog.naver.com/gachi2012
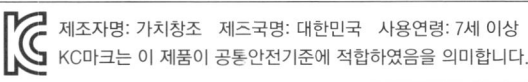는 가치창조 출판그룹의 어린이책 전문 브랜드입니다.

제조자명: 가치창조　제조국명: 대한민국　사용연령: 7세 이상
KC마크는 이 제품이 공통안전기준에 적합하였음을 의미합니다.

독도가 우리 땅일 수밖에 없는 12가지 이유

윤문영 글·그림

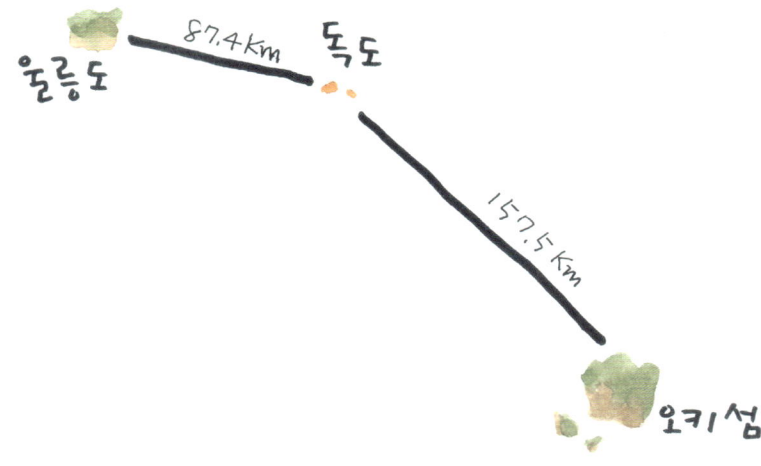

단비어린이

 삼형제굴바위 앞을 지나는 독도 여객선.

512년 6월

신라 제22대 왕 지증왕 때, 용맹하기로 이름 난 이사부 장군은 울릉도와 독도를 다스리던 우산국을 정벌하러 나섰습니다.

우산국 사람들이 사납고 거칠지만 순진한 것을 알고 이사부 장군은 꾀를 냈어요.

단단한 나무로 커다랗고 무시무시하게 생긴 사자를 만들어 배에 나누어 싣고 우산국 사람들을 겁 주어서 항복을 받아 냈지요.

이때부터 울릉도와 독도는 신라 땅이 되었답니다.

 장군바위를 바라보며 시를 짓는 시인의 평화로운 모습.

1454년

조선 제4대 왕 세종대왕 때에 쓰여진 《세종실록 지리지》에는 이미 울릉도와 독도가 조선의 영토라고 확실하게 기록되어 있습니다. 맑은 날에는 울릉도에서 독도가 보인다고 했어요.

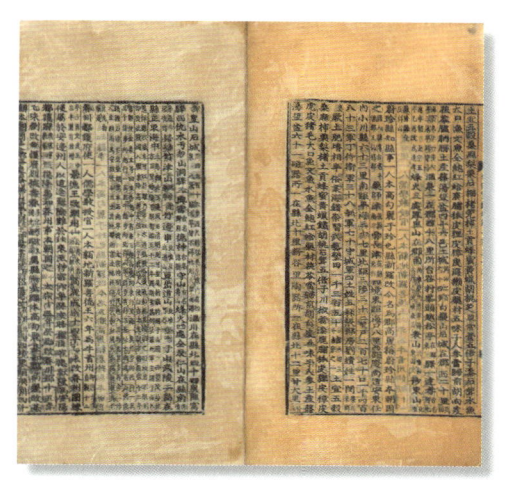

· 울릉도와 독도에 관한 내용이 담긴 《세종실록 지리지》

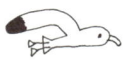 독도를 찾은 관광객들은 독도 돌고래의 애교 넘치는 묘기를 심심치 않게 볼 수 있어요.

1531년

《신증동국여지승람》이라는 책에는 우리나라 지도인 〈팔도총도〉가 실려 있어요. 여기에는 우리 땅 울릉도와 독도가 뚜렷하게 나와 있어요.

이 지도를 통해 17세기 이전에도 독도가 조선 땅이었음을 알 수 있지요.

역시 1615년에 만든 일본 공식 지도 〈게이초 일본도〉, 1655년에 만든 〈쇼호 일본도〉, 1704년에 만든 〈겐로쿠 일본 지도〉에도 일본 영토는 오키 섬까지만 표시되어 있습니다.

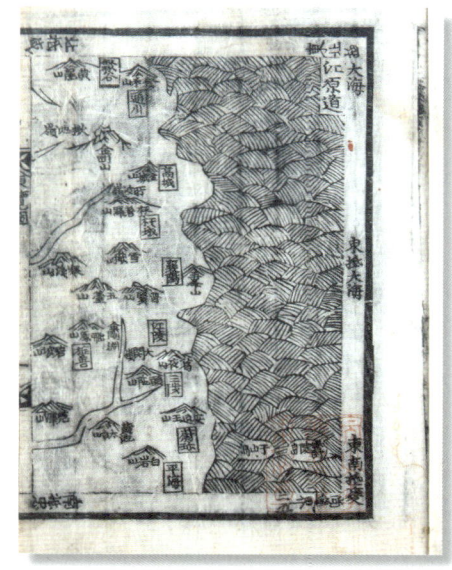

· 《신증동국여지승람》에 실린 〈팔도총도〉

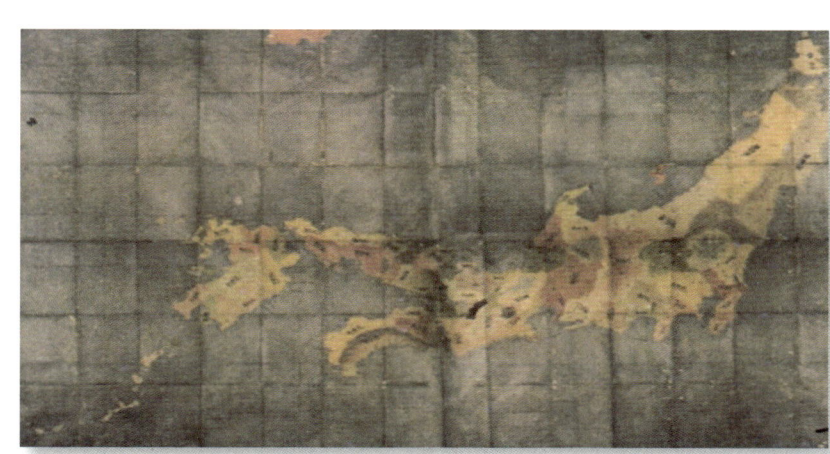

· 일본이 만든 〈겐로쿠 일본 지도〉

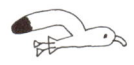 아름다운 독도를 한눈에 내려다보며 나는 패러글라이딩.

1667년

'사이토호센'이라는 일본 정부의 최고 책임자가 기록한 《은주시청합기》라는 책에도 울릉도와 독도가 일본 영토 밖의 땅, 즉 조선의 땅이라는 사실이 뚜렷이 적혀 있어요.

・일본이 만든 책 《은주시청합기》

 눈이 시리도록 푸른 독도의 서도 앞바다에서 물질(해녀들이 바닷속에 들어가서 해산물을 따는 일)하는 해녀.

1693년

조선 후기의 어부이자 민간 외교가 안용복은 울릉도와 독도에서 몰래 고기잡이를 하던 일본 사람들을 발견하고는 그들을 뒤쫓아 일본으로 건너갔어요. 안용복은 일본 관리에게 울릉도와 독도가 조선 땅이라는 것을 알렸습니다.

1696년

〈에도막부〉라는 일본 정부는 일본 사람이 울릉도와 독도에 건너가지 못하도록 금지령을 내렸답니다.

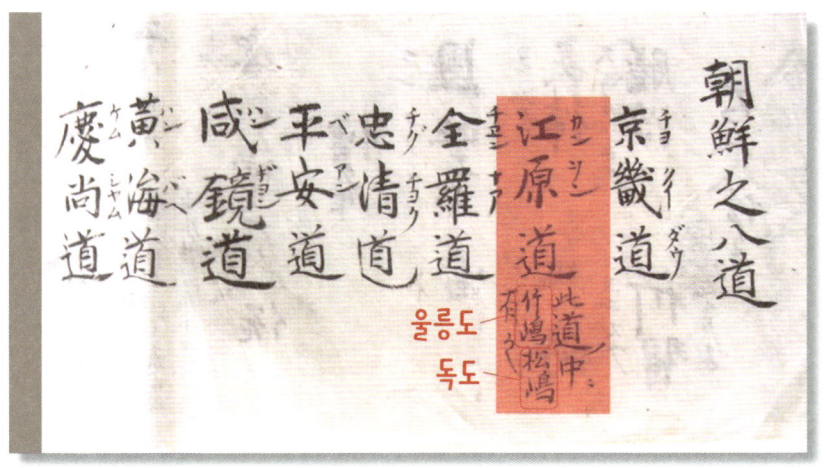

- 〈조선팔도〉라는 제목의 일본 문서

 오징어 잡이 배의 불빛으로 대낮처럼 밝은 독도 밤바다.

1785년

일본 정부는 동해를 중심으로 조선, 일본, 중국 세 나라가 닿아 있는 〈삼국접양지도〉를 만들었어요.

지도에는 울릉도와 독도가 같은 노란색이고 조선 땅이라고 적혀 있네요.

1821년

일본의 김정호(〈청구도〉〈동여도〉〈대동여지도〉를 만든 조선 후기의 지리 학자.)라 할 수 있는 '이노타다카'가 만든 〈대일본연해여지노정전도〉라는 지도에도 울릉도와 독도가 빠져 있습니다.

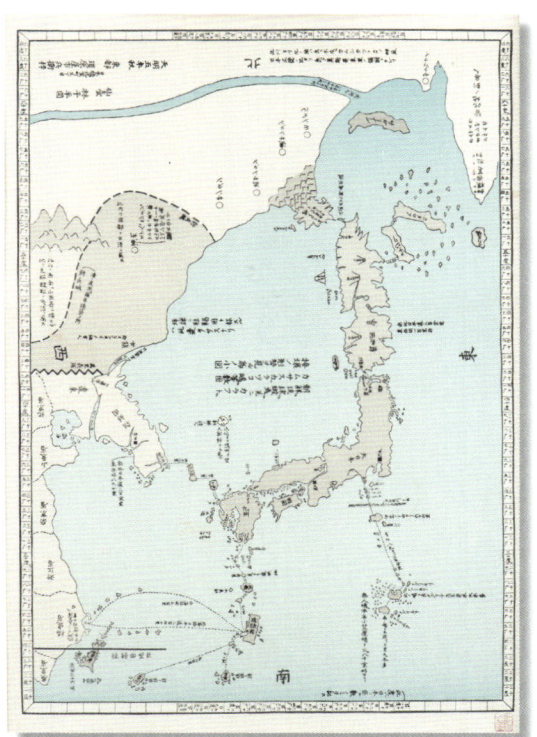

· 울릉도와 독도가 조선 땅이라고 적혀 있는 일본의 〈삼국접양지도〉

 해마다 여름철이면 독도 해안에서 펼쳐지는 국제 요트 대회.

1697년

조선 제19대 왕 숙종은 일본인들이 울릉도와 독도 주변에 얼씬도 하지 말라고 어명을 내렸어요.

시간이 한참 지난 1836년 조선과 일본 정부의 명령을 어기고 '하치에몬'이라는 일본 사람이 일본 정부의 허락도 받지 않고 다른 나라인 조선의 울릉도와 독도에 몰래 들어가서 나무를 베고 고기잡이를 한 것이 발각되었어요.

'하치에몬'은 법을 어긴 죄로 일본 법정에서 실형을 받고 처형당하고 맙니다.

· '하치에몬'의 재판에서 사용된 지도 <다케시마 반각도>

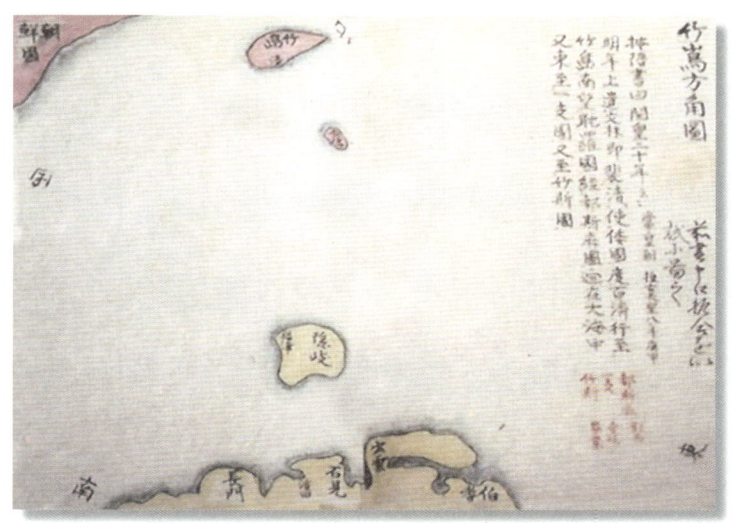

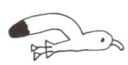 독도 괭이갈매기를 벗 삼아 서도 앞바다에서 한가로이 낚시를 즐기는 강태공(낚시꾼).

1870년

일본 정부는 관리들에게 울릉도와 독도를 꼼꼼히 조사하라고 시켰어요. 조금이라도 허술한 틈이 보이면 바로 일본 땅으로 만들려는 속셈이었지요. 하지만 조사를 마친 일본 관리들은 〈조선국교제시말내탐서〉라는 보고서에 한동안 사람이 살고 있지는 않았으나 울릉도와 독도는 분명히 조선 땅이라고 적어서 올렸어요.

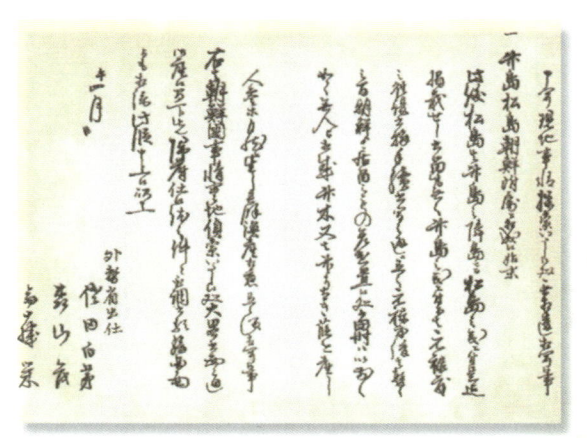

- 다케시마(울릉도), 마쓰시마(독도)가 조선 땅으로 되어 있는 〈조선국교제시말내탐서〉

 독도의 가을 풍경을 스케치하는 화가의 모습이 한 폭의 그림 같다.

1877년 3월 28일

일본 최고의 권력 기관 〈태정관〉은 울릉도와 독도는 일본과 아무런 관계가 없다는 명령을 울릉도와 독도가 조선 땅으로 그려진 지도와 함께 내렸어요. 그 지도가 〈기죽도약도〉예요.

2005년

일본 정부가 꼭꼭 숨겨 놓았던 이 지도를 어느 양심 있는 일본 사람이 세상에 밝히면서 일본 정부는 난처해졌고 독도는 더더욱 우리 땅일 수밖에 없는 이유가 밝혀졌습니다.

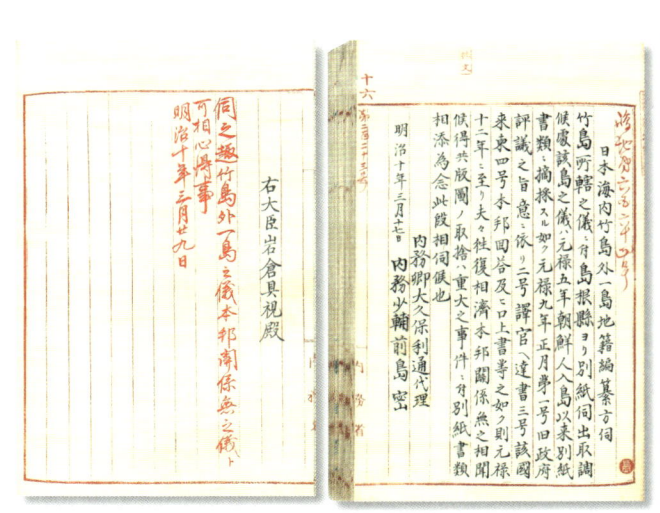

· 울릉도와 독도가 일본 섬이 아니라고 적혀 있는 〈태정관 지령문〉

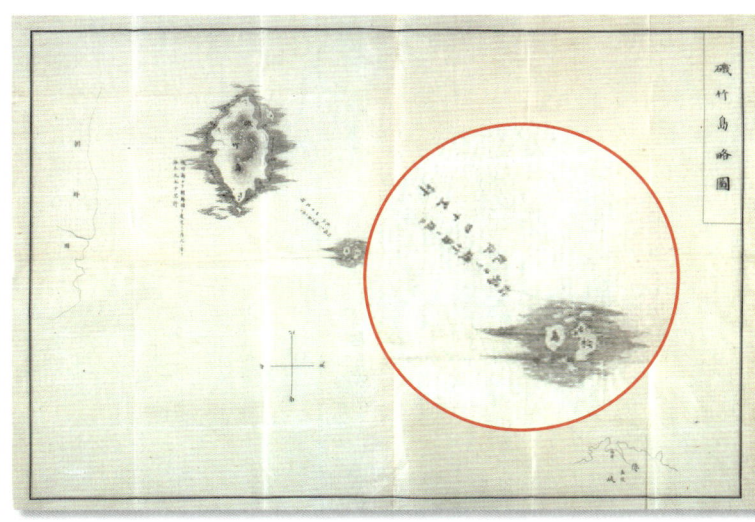

· 일본 정부가 숨겨 놓았다가 발각된 〈기죽도약도〉

 독도의 재롱둥이 삽살개를 훈련시키는 독도 경비대.

1900년 10월

대한제국의 초대 황제였던 고종 황제는 '칙령 41호'를 통해 울릉도와 독도가 대한제국의 고유 영토라는 사실을 전 세계에 알렸어요.

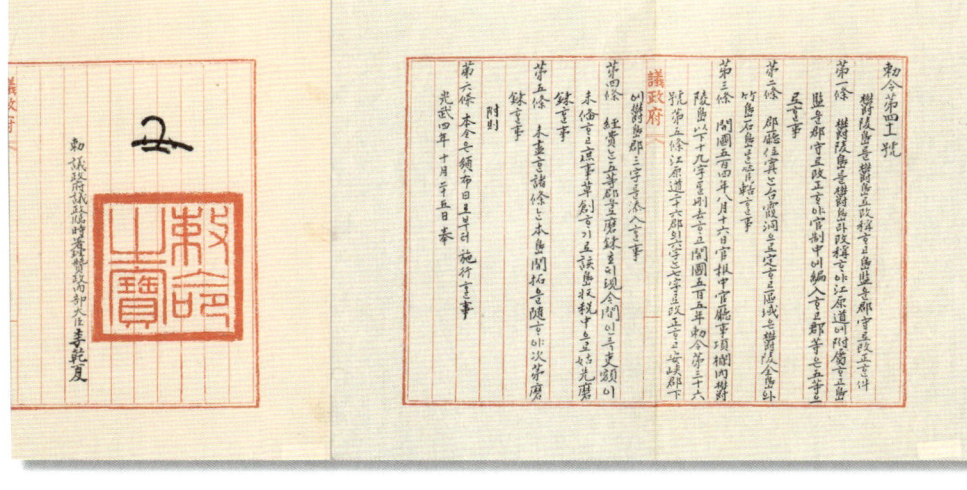

· 대한제국 칙령 제41호

 석양 때 장군바위와 닭바위를 렌즈에 담는 사진작가.

1945년 9월 2일

제2차 세계대전에서 패한 일본의 항복을 알리기 위해 연합군 총사령부는 '연합국 최고 사령관 각서' 제677호를 발표했어요.

이 각서에는 독도가 일본에서 떨어져 나간 한국 영토라고 기록되어 있어요.

1951년

제2차 세계대전의 종결을 위해 일본과 연합국 사이에 체결된 '샌프란시스코 평화 조약'에는 일본이 한국에 대한 모든 권리를 포기하는 지역으로 제주도, 거문도, 울릉도(독도)를 대표적으로 강조하고 있습니다.

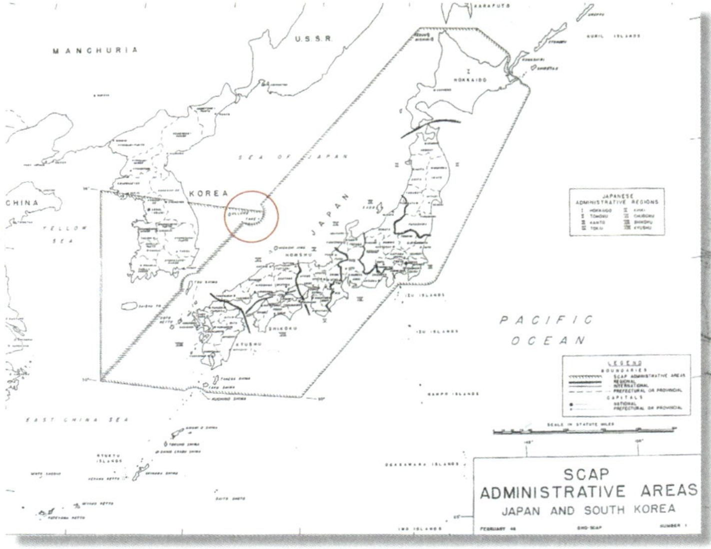

· 연합국 최고 사령관 각서 제677호

 가끔 발견되는 바다사자는 일본이 멸종시킨 독도 강치와 많이 닮았다.

2005년

일본과 분쟁을 우려해 일반 국민의 출입을 통제하고 독도 경비대가 파견되어 경비만 했던 독도에 민간인들의 출입을 허용하는 우리 정부의 결정이 있었고 지금까지 우리 땅 독도를 계속 많은 사람이 방문하고 있습니다. 독도는 '그 누가 아무리 자기네 땅이라 우겨도 독도는 우리 땅'이라는 노래가 있듯이 '경상북도 울릉군 울릉읍 독도리 산 1-96번지'라는 주소를 가진 바로 대한민국 영토입니다.